미안한 연애

헬렌니학 정형시집 144

미안한 연애

인은주 시집

고요아침

■시인의 말

부끄러워서 쓰고

부끄럽지 않으려고 쓰고

2018년 6월

인은주

■ 차례

시인의 말　　　　　　　　　　　　　05

제1부

미안한 연애　　　　　　　　　　　13
바람의 습격　　　　　　　　　　　14
찔레꽃　　　　　　　　　　　　　　15
세신洗身　　　　　　　　　　　　　16
바보스　　　　　　　　　　　　　　17
발걸음이 향하는 곳　　　　　　　　18
푸른 생채기　　　　　　　　　　　19
심장으로 주세요　　　　　　　　　20
영산홍　　　　　　　　　　　　　　21
늦은 밤　　　　　　　　　　　　　22
웃음보　　　　　　　　　　　　　　23
고라니의 숲　　　　　　　　　　　24
행운　　　　　　　　　　　　　　　25
첫날밤　　　　　　　　　　　　　　26
산매화　　　　　　　　　　　　　　27
겨울 고등어　　　　　　　　　　　28

제2부

언 꽃　　　　　　　　　　　31
저녁에 만난 개들　　　　　32
모른다고 말했다　　　　　33
고양이의 마실　　　　　　34
아파트　　　　　　　　　　35
하모니 하모니카　　　　　36
정육점의 태도　　　　　　37
망가진 꽃밭　　　　　　　38
선인장　　　　　　　　　　39
사이렌　　　　　　　　　　40
가을비　　　　　　　　　　41
11월　　　　　　　　　　　42
소한小寒　　　　　　　　　43
안심대출　　　　　　　　　44

제3부

구름의 방식   47
벌교 용역   48
도둑고양이   49
무소속 김 씨   50
검은 밤   51
회식날   52
능소화   53
잃어버린 얼굴   54
일 톤 트럭의 거울   56
구부러진 남자   57
중고서점   58
가을 성묘   59
행려병동 일기   60
승부차기   61

제4부

둥굴레 65
불두화 66
벚꽃 67
청자다방 68
천지서커스 69
침몰 70
와불 71
강남역 72
태국행 버스는 여기 서지 않는다 73
막고개 74
해감 76
그 곳 77
이불의 품 78

■해설_열정과 권태와 고독과 생명의 가련함을 위하여
　　/박진임 80

제1부

미안한 연애

너에게 너무 쉽게 웃음을 또 흘렸다

아이의 울음처럼 애견의 재롱처럼

내 안의 어떤 여자가 허락 없이 나왔다

존재의 가벼움은 불가피한 태도일까

노견老犬처럼 비루해져 꼬리를 잘랐지만

내 안의 다른 여자는 한둘이 아니었다

바람의 습격

남편이 잠든 사이 카톡이 날아왔다
몰래 본 문자 속에 숨어 있는 속삭임들

그들의 언어 속에
난 제3자가 되었다

휴대폰을 깨트려도 지워지지 않는 웃음
더욱 더 선명해진 "보고 싶다 유미씨"

소외는 거머리처럼
느린 밤을 더듬는다

마지막 보루였던 우리 집이 흔들린다
집으로 오는 길은 비보호 좌회전

황사는 봄을 애태우며
쉽게 물러나지 않았다

찔레꽃

행여나 업어줄까

내리막에 늦춘 걸음

저만치 뒷모습이

수풀 속에 사라졌다

실개울

건너는 순간

확 찔렸다

너에게

세신洗身

그녀의 젖은 손이
허벅지로 밀고 왔다

후끈해진 수증기가
창문을 덮치자

온종일 비가 내린 듯
물 커튼이 흘렀다

그녀의 요구는
몇 번의 체위 변경

눈 감고 따라간다
등골의 접경까지

젖은 채 가벼워졌다
수증기가 걷혔다

바보스

카스 한 잔 걸쳤는데 고삐가 풀렸다
어떻게 살아야할지 모르겠어 정순아

길고 긴 여름 저녁이 술잔에 출렁인다

언니야 어제 말야, 모임에 나갔는데
동갑내기 남자가 대뜸 사귀자네

유부녀 이십 년 만에 이런 기분 처음이야

각자 말을 중얼대다 마주보면 웃었다
호프집 이름이 하필이면 바보스라

여름은 막바지이고 전석이 만원이다

발걸음이 향하는 곳

빛을 향한 식물처럼 온기에 길들여져
네 쪽으로 한 발짝 꽃잎도 준비하다

한순간 뒤돌아섰다
발걸음이 그랬다

캄캄한 벌판에서 짐승처럼 몸을 떨며
조금 더 웃지 않은 과거를 후회하다

깊숙이 어둠 속으로
한발 더 들어갔다

푸른 생채기

아무도 몰라보는 낯선 곳에 간 것처럼

모두 다 잊고 싶어 이름도 얼굴도

텅 비어 기억이 없는 황홀한 순간으로

고향의 늙은 나무는 길을 걷는 머리 위로

묵직한 살구처럼 기억들을 떨어뜨려

코앞에 살과 내장을 터트린 채 달려들지

때늦은 위로들은 썩어버린 과일 같아

기억은 추억으로 포장하여 두지만

한겨울 나무에서는 생채기가 잘 보이지

심장으로 주세요

서툴게 뭉쳐져서 쉽게 녹는 첫눈 같이
우리도 사라지면 용서를 받게 될까
잡았던 손을 놓친 게 네 탓만 같았는데

어둠이 쌓여가는 늦저녁 포장마차
순대 썰던 주인 왈 내장도 드릴까요
뜨끈한 심장 있나요 심장으로 주세요

지나간 사람들은 그렇게 지나갔다
지나쳐서 못 본 사이 지나쳐서 멀어진 사이
몇 번째 검은 밤일까 긴 겨울이 앞에 있다

영산홍

나에게 오려거든 거만해야 할 거예요
헤벌쭉 들이대며 이빨을 보인다면

다시는 얼굴 볼 일은
없을 거란 애기죠

우리의 앞모습은 뻔해서 지루해요
1초만 마주보고 한걸음 비켜서면

나란히 쥐똥나무도
조금은 거들겠죠

늦은 밤

자정도 훌쩍 넘겨 비틀비틀 들어와선
조각내기 싫은 잠을 이어가는 귓전에다

이쁜아
날 버리지 마
당신 없인
못 산다

술주정 조금 빌려 사랑가를 토해낸다
주무셔 걱정 말고 나이가 오십인데

참말로
갈 데도 없는
너무 늦은
밤이다

웃음보

202호가 죽었다 204호는 죽어갈 때
우리는 약속한 듯 웃음을 밀봉했다

실소가 막 터진 곳은
조문하던 영정 앞

엄숙 떨던 실장님이 향불에 놀란 거다
전염된 듯 피식피식 상주까지 옮아갔다

괜찮아 사진 속 저 분
이미 웃고 있었다

고라니의 숲

어디선가 쓰르라미 나직이 우는 저녁
그날따라 그 길엔 아무도 없었는데
어둑한 산 아래에서
고라니와 마주쳤다

숲으로 들어가던 아직 어린 고라니는
신기한 듯 아주 잠깐 내 쪽을 쳐다보다
그 사이 더 캄캄해진
골짜기로 달아났다

덤불로 가로막힌 고라니만 들어간 숲
고요한 듯 소란한 노래가 울려와
덩달아 막 두근대는
심장만 간직했다

행운

어비리 하늘은 구름 구름 온통 구름

소가 울면 소 구름 닭이 울면 닭 구름

그동안

어느 밖에서

쓸데없이 살았나

초저녁 달 사이로 비행기가 지나가고

누군가 또 먼 길을 다녀서 오나보다

구름은

흘러 흘러와

어비리에 피어나네

첫날밤

어비리 첫날밤을
별이 총총 엿보는데

소 울음 닭 울음에 개구리도 개굴 개굴

여기도 둘이만 있게
가만 두질 않는구나

자 아니 자 아니
내 다리 짧지 아니야

어느새 잠이 들어 별들도 가버리고

새벽녘 찬이슬이 와
새 이불을 덮어주네

산매화

돌부리에 발이 걸려 무릎이 꺾이었다

정상은 멀고 먼 데 산비탈 주저앉아

배시시

웃어 넘겼다

봄바람이

간지러워

겨울 고등어

기억하지 말아줘 꼬리의 물결들은
철없이 싱싱해서 낭비한 내 청춘도

스스로 외로운 만큼
뛰놀다 걸린 거야

우리의 꿈은 크고 때로는 위험했지
벅찬 숨이 만들어낸 물거품은 기억해줘

어제를 견디는 일은
산 자의 의무니까

모든 여행들은 오기 위해 가는 것처럼
바다를 떠돌수록 푸른 살은 차오르고

겨울의 먼 별들만큼
누군가를 물들이지

제2부

언 꽃

애동지 개나리꽃

가지 끝에 떨고 있네

먼 나라 입양만큼

서러운 온몸으로

노랗게

흰 눈 속에서

속울음도 삼킨 채

저녁에 만난 개들

내 손으로 돈을 번지 십 년도 더 넘었다
보호를 받는 동안 목소리는 작아져
모처럼 화를 냈는데 먹히지도 않았다
많은 사람들이 개와 걷는 산책길
일 미터의 자유만 허락된 개들이
꼬리를 흔들어대며 빠르게 쫓아갔다
의존에 대하여 개나 나나 동급인 듯
멀쩡한 동상을 향해 짖다 가는 개처럼
멀리도 가지 못한 채 다시 집을 향했다

모른다고 말했다

곱창이 지글대는 송년회 막바지에
안하던 질문들을 서로에게 던졌는데
우리는 행복하다고
웃으면서 답했다

술잔을 더 채우다 비스듬히 앉았고
어쩌다 본 남편 눈은 저 여자를 향해 있다
곱창이 불판 위에서
시커멓게 뒤틀렸다

잡으면 사라지는 연기 같은 행복을
곱창을 뒤집으며 속으로 뒤집었다
누군가 또 물었을 때
모른다고 말했다

고양이의 마실

감나무 그늘 좋은 그 집으로 이사 간 날

홀연히 나타난 담장 위의 흰 고양이

새 주인 못마땅한 듯 지켜보다 가버린다

양로원 간 노부부 그리워 오는 걸까

며칠 후 또 나타나 머물기를 한참씩

때 놓친 나팔꽃들도 담장을 넘어 온다

이웃 동네 맡겨진 후 옛집에 찾아오는

다 늙어 구부정한 고양이의 발끝에

오후의 느린 햇살이 기다랗게 달려 있다

아파트

애견도 애인도
적당히 옆에 두고

더 서글픈 친구도
하나쯤 옆에 두고

그들은
모른 척하며
제 발등을 찍고 있다

하모니 하모니카

졸업 후 처음 모인 추석날 늦은 밤에

숙녀 티 제법 내는 서로를 놀려대며

바닷가 달 밝은 밤을 통째로 접수했다

하모니카로 끼어든 옆 동네 순규 따라

해당화도 붉은 밤을 목청껏 터트렸다

밤새워 별을 부르던 마지막 그 하모니

스무 살 청춘에게 고향은 떠나는 곳

알 수 없는 내일은 파도에게 던져주고

다시 또 세상을 향해 흩어져갈 친구들

정육점의 태도

1도만 더 내려줘 조금만 얼어볼래

웃음도 울음도 허락하지 않는 이곳

무례한 검은 거래가 날마다 판을 친다

네 손이 무서워서 고개를 숙였지만

더 이상 내 피를 더럽히지 않을 거야

차갑게 변해 가는 건 어쩔 수가 없었다

망가진 꽃밭

여섯 살 손을 잡고 일 년 만에 문을 연다
영구임대 아파트 15층 복도 끝집

딸애는 벽지에 붙은
꽃밭을 와락 안았다

색종이 접어 만든 아빠랑 가꾼 꽃밭
커다란 호랑나비 날개가 구겨졌다

더 이상 이 방안에선
벌어질 일이 없다

옆집 영준네는 놀이공원에 갔나보다
새봄이 곧 온다는 듯 먼 산이 물들었다

딸애의 손을 꼭 잡고
다시 문을 나섰다

선인장

흔들리지 않으려고 두 손을 버렸는데

구걸하지 않으려고 입술을 닫았는데

온몸에 눈물도 없이 가시가 돋았다

더 울지 않으려고 두 눈을 감았는데

아프지 않으려고 너를 자꾸 밀었는데

세상은 햇빛도 없는 사막이 되어 갔다

사이렌

구급차가 다가오자 옷깃을 여미듯
달리던 차들이 제 창문을 닫는다
음습한 소용돌이에 온몸이 얼얼하다

운동장을 울리던 시뻘건 공습경보
눈을 감고 풀어봤던 올가미의 기억들
언젠가 닥칠 수 있는 암흑을 연습하듯

질주하던 카레이서 한순간 뒤집히고
아수라장 끝에서 집의 축이 흔들린다
오돌돌 소름이 돋는 죽음의 저 전주곡

가을비

또 다시 그 벤치에 나란히 앉았다
외면한 네 눈동자는 이미 빛을 잃었지만

남보다 외로운 나는
조금 더 기다렸다

할 말을 생각하다 할 말을 잃어가고
포장마차 불빛에 도움이나 바라는 듯

웃음을 잘 포장해서
그녀에게 바쳤다

위로가 필요할 땐 돈을 내도 구걸 같아
다 젖은 낙엽처럼 당하고만 있었다

푸르던 지난 여름이
쓸쓸이 쓸려갔다

11월

나무와 나무 사이
말들이 사라졌다
꽃에 대해 잎에 대해
기억만 있을 뿐
어제의 우울한 끝이
겨울비를 몰고 왔다

투명한 얼굴이
얼굴을 바라보며
같아서 경악하고
비슷해서 안도했다
바람을 그리워하는
나무는 나무였다

소한 小寒

끝에서 알았다
손끝과 말끝에서

우리는 반쯤은 기억으로 산다는 걸

조금만 따뜻했다면
너에게도 나에게도

말 한마디 그 뿐인데
심장까지 얼어붙어

뒤돌아서 왔지만 네게서 나를 본다

어쩌면 같은 실수를
반복하고 있던 거다

안심대출

이십 년 된 우리는 아직도 사랑일까

한밤중 돌아누운 그의 등은 말이 없다

어둠은 우리 사이로 수북이 쌓여간다

허락 없이 떠났던 여행에서 돌아와서

이십 년 상환제로 대출을 신청했다

산만큼 더 살기로 한 무언의 약속이다

나는 그를 담보로 안심을 원했으나

저금리 그물망에 빚만 내고 말았다

서둘러 계절은 가고 다른 계절이 왔다

제3부

구름의 방식

얼마나 울었는지 눈물이 다 말랐다

웃음보다 울음으로 꽃다발 뒤에 숨어

내 생애 단 한 번뿐인

순간들을 지불했다

널 위해 준비하고 처음 핀 밤조차도

들리는 건 파도소리 바다의 숨이었다

한숨은 눈물을 참는

가장 오랜 방식인 듯

벌교 용역

힘 자랑 하지 말란 벌교를 끌어와서
밑천인 몸뚱이를 명함처럼 내어 걸고
수원역 뒷골목에서 사내들이 서성인다

공사판 굴러먹다 굳어버린 그 바닥에
정년은 정규직만큼 낯설고 먼 나랏일
오십 줄 홀아비 김 씨 끝자락에 붙어 있다

화창한 추석 하늘 긴 연휴가 무거운 듯
아련한 먼 고향 길 화투 패로 날린다
몇 봉지 카스텔라가 송편 대신 놓여 있다

도둑고양이

모두 다 퇴근한 공구상가 창고에
근처 고양이가 새끼를 낳았다
갓난애 울음 같은 게 멈춘 다음 날이었다

들락대는 밤마다 경보음은 울려대고
눈 색깔을 바꾼 어미는 노려보곤 하였는데
살림이 커가는 만큼 냄새도 자라났다

경비는 주인에게 독살을 부추겼다
쥐약 사러 보낸 저녁 어미가 없는 틈에
귀 쫑긋 세운 새끼가 철없이 막 나왔다

세상을 처음 본 듯 까만 눈이었다
불 켜진 창고 안을 제 집처럼 뛰놀다
어둠이 내린 거리로 멀리멀리 쫓겨났다

무소속 김 씨

이불이나 뭉개며 드라마로 깨는 아침

저 혼자 살다보니 TV가 가족이나

뉴스는 딴 세상 같아 안 본 지 오래다

인물은 번듯해도 직장이 없다보니

소개는 늘 허탕이고 내일이면 오십인데

구실도 한번 못한 채 제사는 또 돌아온다

형제나 친구들도 돈 없으면 남인 세상

소속 없이 산다는 건 장기수의 독방 같아

소주를 들이 부으며 부은 봄을 건넌다

검은 밤

기형으로 태어난 조카애를 보내고
돌아오는 도로는 울다만 아이처럼
그렁히 눈물을 단 채 훌쩍이고 있었다

자정 넘긴 도로에는 우리 밖에 없었고
속도를 높이는 게 괜스레 불안한데
어디서 신음소리가 자꾸만 들려왔다

달리는 차창으로 새까맣게 부딪치는
날것들의 비명소리 눈앞이 캄캄했다
하루가 채 가지 않은 그 밤의 일이었다

차를 세운 남편은 흰 수건을 들고 나가
하루살이 떼죽음을 말없이 닦아냈다
온 세상 곡을 하듯이 아주 검은 밤이었다

회식날

숯불 위 갈비살을 한 점 막 물었는데
응급실 호출이다 간경변 토혈 환자
저녁은 다 먹은 거다 하필이면 회식날에

사는 것도 죽는 것도 남 일처럼 보이는지
죽기 직전 도착해서 알아서 하란다
막가파 그의 주정은 죄수처럼 막다르다

의사가 손을 털자 그도 숨을 거두었다
포기는 합의한 듯 자연스레 이뤄졌다
이차에 합류했지만 술맛은 건너갔다

능소화

대문간 삽살개도

잠이 든 여름 한낮

바짝 독이 올라

담장을 타고 오른

백마리

붉은 혓바닥

태양도 멈춰 섰다

잃어버린 얼굴

가나자와*로 향하는 기차 안은 어둡다
어쩌다 그 구렁에 몸을 깊이 담갔는지

구차한 그녀의 저당
터널보다 길고 길다

성 출장 험한 길을 모두가 말렸지만
고국 땅에 하루 빨리 돌아가고 싶어서

딱 한 번, 한 번이라고
되뇌며 오가던 길

들 수 없는 얼굴을 잃어버린 그날 이후
몸만 건져 돌아온 가족과 친구 앞에

마주칠 눈이 없어서
눈을 감지 못했다

* 성매매업자 한국 여인 히로코의 얼굴 없는 시신이 발견된 일본 이시카와현의 한 도시.

일 톤 트럭의 겨울

쉰네 살 노 씨에게 트럭은 생의 전부
노름에 덜미 잡혀 일찌감치 다 털리고
지금은 아파트 장날 뻥튀기로 연명한다

건성으로 붙어있던 앞니까지 빠지면서
되는 일 하나 없어 핏대만 자주 서고
벌초 땐 면목이 안 서 술만 푸다 돌아왔다

뻥하고 터지는 날 어느 길목에 있을까
꺼칠한 빈속으로 시동 켜는 새벽길에
겨울은 빚쟁이처럼 성큼성큼 다가온다

구부러진 남자

굽은 등이 가둔 것은 마당만이 아니다

장애는 전염병인 듯 피하거나 밀어내어

동족이 아닌 것처럼 수그리고 살았다

고등학생 아들이 응급실에 업고 왔다

산소에 의존한 채 선고를 듣는다

호흡도 가둔 것이다 그 남자의 숨통까지

유년은 굽었고 청년은 더 굽었고

노년은 없는 대본 이제 곧 퇴장이다

아무도 울지 않았다 각본의 지문처럼

중고서점

때 절은 좁은 골목 미닫이 문을 열자

발 디딜 틈도 없이 빼곡한 이야기들

지나간 유행가처럼 귀퉁이가 닳았다

성경처럼 끼고 잤던 신성한 성문영어

출퇴근 졸고 넘던 대장정의 태백산맥

그 많던 푸른 앨범들 여기 다 있었구나

침 묻은 순간들을 한 장씩 넘기다가

얼마나 더 묵으면 골동품이 되는지

골똘히 구석에 앉아 희귀본을 뒤져 본다

가을 성묘

추석도 한참 지나
시부모께 절하는데
햇볕에 오래 참은 듯
밤송이가 터진다
툭툭툭
굵은 알밤을
앞자락에 던지신다

동산 가득 널려있는
덕담을 줍느라고
음복도 잊은 채
부넘기를 주무르니
가을날
산의 허리가
둥글게 부풀었다

행려병동 일기

죽기로 했나보다 밥그릇이 그대로다

아무도 찾지 않는 행려병동 병실에서

김 노인 누렇게 뜬 채 겨울을 맞고 있다

뭐 해준 게 있다고 다 늙어 찾는대요

보호자의 외면은 타당한 듯 부당하고

후회는 때를 놓친다 과적된 변명처럼

찐빵을 사가지고 옛집 가는 꿈을 꾸나

헛손질을 해대는 침상이 젖어 있다

복도의 검은 시계가 열한시를 알린다

승부차기

시간이 멈춘 듯 골문 앞에 서는 순간
재규어의 본능처럼 속내를 감추지만

우주의 미아가 된 듯
세상은 깜깜하다

수만의 눈동자가 불을 뿜듯 쏘아보는
고요한 고문이 전쟁 속 초소 같다

함성이 들리는 찰나
슛! 공은 떠났다

제4부

둥굴레

산비탈 무덤가에 올망졸망 둥굴레들
이끼를 이불 삼아 일가 이룬 그늘에

바람도 한 식구처럼
무시로 드나든다

뛰노는 햇살 한 줌 빌려 키운 그 몸을
아홉 번 찌고 말려 찻물을 끓여내어

찻잔 속 둥그런 품에
두 눈을 담가본다

둥글게 산다는 건 손톱을 다듬는 일
따스한 입담들을 차반 가득 올리면서

갱년의 마른 고개를
너울 너울 넘는다

불두화

절집에나 피게 두던
무성의 불두화가

아파트 화단마다
무더기로 모여 있다

오월의
뙤약볕 아래
향도 없이 피었다

꽃들의 가치는
화려함에 있든 말든

수건 두른 아낙처럼
웃음기도 없는 얼굴

욕망은
배운 적 없어
둥글게만 피었다

벚꽃

19번 버스가

꽃길을 오고 있다

백 미터 앞 정류장

여학생도 달린다

다 같이

응원하다가

승차하자 박장대소

청자다방

1.
교복을 입은 채로 언니 따라 들어가 본
터미널 계단 높던 이층의 읍내다방
자욱한 담배 연기 속 어른들이 큼큼했다

내 생애 처음으로 커피를 마시던 날
누구를 만난 것도 들킨 것도 아닌데
쓰디쓴 커피에 질려 입술을 확 데었다

2.
유리벽*을 들으며 통학을 함께 했던
뿔테 안경 그 애를 우연히 만난다면
갈피 속 네 잎 클로버 건네주고 싶은데

마중도 사라지고 배웅도 잃어버린
자가용을 부리면서 지나치는 터미널 옆
허전한 갓길 저 너머 코스모스 눈부시다

* 신형원의 노래.

천지서커스

부모 없는 세상은 맨발의 외줄타기
태어나 걷자마자 주어진 길이었다
아슬한 낭떠러지 끝 천 번 만 번 오른다

식초물 들이켜 마디마디 녹여서
뱀처럼 문어처럼 여기 넘고 저기 붙어
그토록 재주 넘으며 이어가는 생의 곡예

허공에 몸을 기대 돌고 도는 공중살이
박수갈채 받으며 온 몸을 불사르듯
허기진 불나방처럼 품을 찾아 나른다

* 북경 천지서커스 단원은 95% 이상이 고아 출신이라고 한다.

침몰

갑오년 봄꽃들은 미친 듯이 피고 졌다
세월호가 가라앉자 나라도 뒤집혔다

슬픔은 계산대 위에
생선처럼 보도됐다

우는 자와 울지 않는 자 우는 척하는 자까지
그 자리에 멈추었다 침몰을 확인하며

갈 곳을 잃어버렸다
오랫동안 우리는

한 술 미음조차 목이 메는 부모 앞에
삿대질과 치킨 폭식 광란의 광화문 앞

이해는 조작되었다
저들의 이해 속에

와불

한잠을 자고난 후 연해진 몸의 빛깔

꿈인 양 구도인 양 한 생이 잠잠한데

아사삭 공양마저도 봄비처럼 푸르다

햇빛을 먹고 자라 하늘로만 향하는지

허물을 벗자마자 새로 나온 머리가

둥글게 원을 그리며 섶을 찾아 오른다

평생에 딱 한번만 오줌을 누는 누에

마지막 한 방울까지 깨끗하게 비우고

누운 채 펼치는 설법 길고도 청명하다

강남역

젊음도 사고 파는 강남역 사거리에
연예인 코끝 따라 카피한 얼굴들

파티에
초대 받은 듯
킬힐들도 떠있다

한류는 빛나지만 유행은 전쟁 같아
뉴욕인지 도쿄인지 노랗고 붉은 머리

원조는
간판에 밀려
설 자리도 잃었다

애교 살 주름 제거 돌려 깎는 V라인
높아진 콧대는 거짓처럼 위태롭다

강남은
표절의 거리
사철 내내 뜨겁다

태국행 버스는 여기 서지 않는다

빌딩 사이 해가 지자 술렁대는 세밑거리
뒤처진 새 한 마리 서둘러 날아가는
따뜻한 남쪽 하늘이 더 그리운 저녁이다

물 설고 말도 설고 겨울은 더욱 설은
이국의 더부살이 어느덧 삼사 년째
퇴근길 허기진 몸이 버스를 기다린다

눈이라도 마주치면 길을 묻고 싶지만
비켜가는 그들 곁에 고향 품이 더 간절한
그러나 태국행 버스는 여기 서지 않는다

막고개

1.
홍수 때 아빠 잃은 어릴 적 동무 숙이
엄마마저 어느 봄날 막고개를 넘어갔다
고개만 바라보다가
푹 꺾은 나날들

동생을 달래가며 저녁을 먹이려면
찬밥이 목에 걸려 어린 등을 토닥이다
울음보 또 터질까봐
꾸역꾸역 삼켰다고

2.
눈이라도 내린 날엔 버스도 다 끊기고
새봄이 넘어오길 겨우내 기다리며
일가의 골짜기마다
이야기를 심었다

고갯길 사연들이 묻혀있는 생강 밭에
일흔 넘긴 울 엄마 아직 무엇 기다리나
저승꽃 까맣게 피워
고갯길을 밝힌다

해감

그물망에 끌려 온 한 무리의 피홍합
싱크대 물밑에서 움찔움찔 숨죽이다

앙다문 입술 사이로
커져가는 신음소리

조금씩 벌린 입술 기밀을 뱉어놓고
고문 끝에 불어버린 동지들이 아픈 듯

검푸른 등을 부비며
숨죽여 우는 저녁

그 곳

무너져 무너져서
굳어버린 그녀에게

불면의 밤이 온다
생쥐처럼 몰래 온다

한밤중
바람도 없이
오동잎이 떨어진다

이불의 품

1.
빨랫줄에 수북 널린 솜이불들 사이로

술래아이 피해서 숨죽이고 들어서면

포근한 묵은 꽃들이 보송보송 피어났다

2.
애프터를 받지 못해 벌게진 첫 미팅날

자취방에 돌아와 이불을 덮어 쓰면

아무 일 아니라는 듯 감싸주던 두터운 손

3.
바람 불고 춥다고 어깨를 끌어당기며

남편과 내 허물을 두둑두둑 덮는다

밤마다 이불을 펴면 코끝이 순해진다

■해설

열정과 권태와 고독과 생명의 가련함을 위하여

박진임

문학평론가 · 평택대 교수

I. 심장과 욕망

지난 계절 필자는 꽤 많은 미술품을 감상하였다. 인은주 시인의 시편들과 행복하게 만나기 위한 준비였던 것 같다. 먼저 파리의 피카소(Pablo Picasso) 미술관에서 하루를 보냈다. 그 다음 알베르토 자코메티(Alberto Giacometti)라는 조각가의 작품 앞에 한참 동안 머물러 있었다. 피카소의 그림들에 탄복하였기에 자코메티 작품들을 더욱 제대로 감상할 수 있었을 것이다. 인은주 시인의 시편들은 강한 반향을 불러일으키며 다가왔다. 피카소와 자코메티가 남긴 여운을 오래 간직하였기에 그랬을 것이다. 인은주 시인은 피카소와 자코메티가 미술로 표현하고자 했던 것들을 언어로 말하고 있다. 인은주 시인의 텍스트에 초대된 언어들은 다성적 언어들이다. 그의 텍스트는 서술이론에서 이르는, 말한 것(the said)과 말해지지 않은 것(the unsaid), 그 두 겹의 층위로 이루어진 텍스트가 아니다. 여러 겹의 의미가 중층적으로 텍스트 내부에 놓여있다. 피카소의 색채와 형상, 그 저변에 놓인 인간 욕망의 근원을 인은주 시인의 시어들이 또한 드러내 보여준다. 자코메티의 조각 작품들에서 볼 수 있는 인간의 연약함, 그 부서지기 쉬운 본성에 대한 측은지심을 인은주 시인은 또한 언어로 그려낸다. 죽음 앞에서 어쩔 수 없는 유한자 인간! 삶은 죽음을 향해 나아가는 과정이다. 그 삶이 주는 한없는 좌절감, 실패감과 당혹감에 우리는 불안해한다. 그리고 삶이라는 것이 욕망으로 추동되는 것이기에 살아있는 한 계속 솟아나는 욕망에 몸부림친다. 어찌 다스려야 할지 알 길이 없는 욕망 앞의 무력감에 다시 좌절한다. 그런 인간됨의 한계와 인간의 길을 두 예술가는 전 생애를 바쳐 모색해왔다. 피카소가 인간이 생래적으로 지닌 욕망이라는 문제와 담대하게 대결했다면 자코메티는 욕망 너머에 존재하는 인간의 비밀스런 상처를 직면하고자 했다. 인은주 시인은 더러 피카소처럼 인간의 삶을 추동하는 욕망의 근원을 탐색한다. 또 더러는 자코메티처럼 가장 연약한 존재들을 찾아 그들의 깊은 상처를 헤집어내고 쓰다듬는다. 예술가라면 당연히 추구해야 할 주제가 인간의 욕망과 초월의 문제일 것이다. 인은주 시인이 그 욕망과 초월을 다루는 방식은 다시 한 번 피카소를 연상시키면서 동시에 자코메티를 환기시킨다.

  그러나 두 미술가의 작품세계와 유사하면서도 또 구별되는 자신만의 유일하고도 독특한 공간을 인은주 시인은 지니고 있다. 인은주 시인은 여성 특유의 시선과 감성으로 자신의 시업을 이루어내고 있다. 여성들은 피카소의 광폭한 욕망의 렌즈에 포획된 피사체로 존재해왔다. 그 객체화되고 사물화된 대상을 인은주 시인은 구출해낸다. 욕망의 주체가 되어보지 못하고 욕망하는 남성의 욕망의 대상이 되어왔던 그들의 내부를 탐색한다. 그리하여 그들 내면의 억압된 목소리들을 불러낸다. 피카소가 즐겨 그렸던 소녀의 생명력 넘치는 육체와 그녀의 미소, 그 이면과 그 너머를 그려내고자 한다. 자코메티가 파리의 창녀를 자신의 뮤즈로 삼아 세상을 놀라게 했다면 인은주 시인은 그보다 더욱 왜소하고 주변적인 존재들을 텍스트 속에 불러들인다. 자코메티의 측은지심의 반경 속에 들어 본 적이 없었던 존재들에게 각별한 관심을 기울인다. 기존의 서정 시인들이 소중히 다루었던 것들, 이를테면 이름 없는 풀꽃들, 낙화, 해질녘의 하늘, 난데없는 구름, 봄비, 가을비… 그런 친숙한 서정성의 소재들을 인은주 시인은 자신의 영토에서 기꺼이 추방해버린다. 대신 그가 불러들이는 것은 저물녘의 개들, 새끼를 낳고 죽임 당하는 고양이, 북경 서커스의 고아들, 늙고 등이 굽은 장애인, 일본에서 살해당한 한국인 성매매 여성, 한국 땅의 동아시아 이주 노동자 같은 존재들이다. 누구도 기억하려 들지 않는, 가장 가련한 존재들에게 주어졌던 유한한 삶, 그리고 그들의 죽음, 그 삶과 죽음이 '지금 여기의 나'에게 전하는 사연들… 프랑스 소설가 장 주네(Jean Genet)가 자코메티에게 바친 다음의 말은 어쩌면 인은주 시인에게 돌아가야 할 찬사인지도 모른다. "내가 보기에 자코메티의 예술은 모든 존재와 사물의 비밀스런 상처를 찾아내어 그 상처가 그들을 비추어 주게끔 하려는 것 같다." 인은주 시인이 주목하는 것은 생명 가진 것들이 지닌 상처들이다. 차마 발화하기 어려웠던 내밀한 상처들, 스스로 인식하기조차 민망하여 외면하고자 했던 것들을 과감하게 들추어내고 빛을 비춘다. 그리고 그 철학적 의미를 탐색한다.

인은주 시인은 매우 낯선 방식으로 서정시의 새로운 길을 제시하고 있다. 반면 그는 반복되어 통속화된 애도의 자세들은 철저히 조롱하고 비판한다. 세월호 희생자들에 대한 애도의 장면들을 풍자적 비판의 칼날로 난도질한 시편, 「침몰」이 그 대표적인 것이다. 방송보도와 사회 운동의 소재로 이용되어 정치화해버린 상실은 더 이상 애도할 대상이 되지 못함을 정직하게 고발한다. 정치 세력의 쉬운 상징물로 변질된 트라우마의 기억은 트라우마 희생자들에 대한 모독임을 보여준다. 오히려 인은주 시인이 우리 삶의 가련함을 드러내는 방식은 코메디처럼 일상적이고 사소하고, 그러면서도 우리 주변에 만연해있는 작은 삶의 장면들이다. 텔레비전 연속극에 등장할 만한, 그런 소소하고 귀엽기까지 한 소시민의 작은 속임수와 배반과 삶의 권태들! 인은주 시인의 서정시의 소재로 등장하는 것은 바로 그런 것들이다. 양파 속껍질을 까서 현미경에 올려놓아본 적이 있는 사람은 알 것이다. 그 얇디얇은 한 겹의 종잇조각 같은 것이 치밀한 렌즈 앞에서는 숨기고 있던 수많은 세포들을 다 드러내 보여주는 것을… 인은주 시인은 스스로 현미경 렌즈 구실을 하면서 우리 일상의 가장 사소한 장면을 포착하여 우리의 삶 그 자체가 바로 애도의 대상일 수

밖에 없음을 보여준다. 이십 년이 넘게 반복되어 온 일상과 그 일상의 동질성으로 이루어진 삶, 결혼이라는 이름의 권태, 사회적 연결망(SNS) 덕분에 비밀도 남아 있지 못할 투명한 시대의 잔인함, 어이없으리만큼 귀여운 중년의 일탈, 혹은 그 일탈에의 욕망, 더러는 중고서적이나 세련되지 못한 찻집 이름이 상기 시키는 지나간 시절의 추억(「중고서적」, 「청자다방」)… 인은주 시인이 우리 삶의 상처와 기억의 대상으로 찾아낸 소재들은 바로 그런 것들이다.

  인은주 시인은 우리에게 익숙한 것들, 그래서 무심히 넘기고 습관처럼 받아들이던 것들에 주목한다. 그 핵심을 핀셋으로 집어내듯 들어 올려 독자들의 눈앞에 불쑥 내민다. 우리가 애써 외면하고 있던 사람살이의 진부함을 날 것 그대로 제시한다. 문득 모든 익숙한 것들이 새로워지고 생소하던 것들이 친숙하게 느껴지게 만든다. 시인은 이토록 끝없이 반복되는 우리의 일상을 잠시 멈추고 돌아보게 만든다. 싱싱하고 날카로웠던 감성의 촉수를 무디게 만드는 세월의 풍화작용을 거스르고자 한다. 날이 퍼렇게 살아있는 언어를 그 작업의 도구로 부린다. 인은주 시인은 모든 삶의 장면들을 새롭게 인식하고자 한다. 그리고 독자에게 더불어 그렇게 인식하자고 권한다. 지금 이 순간, 여기 이 지점의 이 스쳐가는 인연을 손 한 번 잡았다 놓는 대신 온 몸으로 온 가슴으로 새기듯 경험하고 기억하자고 한다. 「심장으로 주세요」를 보자.

서툴게 뭉쳐져서 쉽게 녹는 첫눈 같이
우리도 사라지면 용서를 받게 될까
잡았던 손을 놓친 게 네 탓만 같았는데

어둠이 쌓여가는 늦저녁 포장마차
순대 썰던 주인 왈 내장도 드릴까요
뜨끈한 심장 있나요 심장으로 주세요

지나간 사람들은 그렇게 지나갔다
지나쳐서 못 본 사이 지나쳐서 멀어진 사이
몇 번째 검은 밤일까 긴 거울이 앞에 있다
　　　　　　　　　　—「심장으로 주세요」 전문

　단조로운 현대인의 무심한 삶을 이르는 말로 '초식성 인류'라는 말이 유행한 적 있다, 타인에게 다가가기도 다가오는 타인을 받아들이기도 힘들어하며 자신만의 밀폐된 공간에 웅크리곤 하는 군상을 이르는 말이다. 단절 혹은 분리가 그런 현대인들을 묘사하는 핵심어라면 그 단절과 분리의 대척점에 놓이는 것이 육식성의 흔적인 '심장'일 것이다. 겹치지 못하고 따로 떨어진 존재들, 미끄러져 사라져간 대상, 막연한 연결을 위한 엉성한 시도 뒤에 사람들은 "지나간" 사람들이 되어 "지나치고" 말았다. 시인은 노래한다. "지나간 사람들은 그렇게 지나갔다" 그런 무심한 지나감을 탄식하며 시인은 문득 심장을 욕망하는 자신을 발견한다.
　"내장도 드릴까요?"는 주변에 널려있는, 귀에 익은 일상어이다. 포장마차 순대 장사가 자주 묻는 말이다. 그러나 "심장으로 주세요"는 시어이다. 사실상 위의 시편을 시로 만드는 핵심어가 "심장으로 주세요"라는 절규의 언어이다. 어이없이 튀어 나온 "심장"을 위한 절규 앞에서 독자들은 망연자실한다. 그리고 깨닫게 된다. 우리가 오래 동안 심장을 잊고 살았다는 것을… 심장을 달라는 주문도 요구도 한동안 해보지 못한 채 미지근한 물 같은 싱거운 인생을 살고 있었다는 것을 소스라치며 알아차리게 된다. 우리에겐 가끔 심장이 필요하다는 것을 일순 깨닫게 된다. 사랑도 심장의 역사役事이며 증오를 상징하는 것 또한 심장이다. 누군가의 삶의 핵심이면서 그 삶의 열정을 집약한 말이 심장일 것이다. 백설공주의 새엄마가 포수에게 가져오라고 주문한 것도 바로 심장이었다. 프랑소와 오종(Francois Ozon) 감독의 영화, 〈두겹의 사랑(L'amant double)〉에 상자에 담겨 배달된, 짐승의 붉은 심장이 등장한다. 그 때 느낀 그로테스크함과 역겨움이야말로 감독이 관객을 위해 의도한 것이 아니었을까? 날것의 심장을 그대로 스크린에 투사하는 프랑스인의 감성에 경악하면서 육식성의 서양인들이라고 소름끼쳐 했다. '푸른 수염의 일곱 아내'라는 설화를 이어받은 민족다운 상상력이라고 생각해보기도 했다. 그러나 우리 민족도 그런 육식성의 잔인한 설화를 지니기는 마찬가지다. 팥쥐 어미가 콩쥐의 간을 꺼내 갈아오라고 했다는 '콩쥐 팥쥐' 설화가 남아있으니 말이다. 인간의 삶과 욕망의 근원에 심장 혹은 그 등가물을 갖고자 하는 간절함이 있을 것이다. 사랑의 간절함도 지극한 증오도 초월의 극

단적인 장면도 한 생명체가 가진 유일한 삶의 기원, 심장으로 드러날 것이다. 인은주 시인은 심장을, 그 심장의 붉은 빛깔을 잊고 살고 있는 우리의 현실 앞에 절망한 채 절규하고 있다. 귀를 틀어막은 채 소리를 지르는, 화가 뭉크의 그림처럼 '심장'을 돌려달라고 소리치고 있다. 심장이 상징하는 열정과 간절함의 삶을 살자고 촉구하고 있다.

II. 아득하여라, 삶의 권태여!

오래된 관계는 권태를 그 적자嫡子로 거느리는가? 결혼, 사랑의 맹세, 그리고 가족… 우리 사회의 관계 중 가장 보편적이고 친밀한 관계들이 이제 낡은 그물망처럼 구멍이 숭숭 뚫린 채 하늘 아래 드러나 있다. 누구도 그 터진 곳을 어찌 기워야 할지 몰라 하는 것 같다. 혹은 구멍이 뚫린 줄도 모르는 채 다시 바다에 던져 고기를 낚겠다고 집을 나선다. 더러는 당당하고 노골적인 언어로 오래된 관계의 권태를 토로하고 더러는 은밀히 한숨 쉬듯 반복되는 일상을 고백한다. 순결한 사랑의 맹세로 시작된 결혼이라는 가족 제도, 그 제도가 흔들릴 때 사회 전체가 흔들릴 수밖에 없다. 결혼의 순간, 성경에 손을 얹고 "아프거나 병들거나" 서로를 돌볼 것이며 "죽음이 둘을 갈라놓을 때까지" 성실한 계약을 이행하겠노라고 다짐하는 것으로부터 부부관계는 시작된다. 그 오래된 전통은 여전히 지속되고 있다. 그러나 인류학자 마가렛 미드(Margaret Mead)가 지적했듯이 인간 수명이 50년 혹은 60년에 불과했던 시절에나 가능했던 것이 죽음까지 함께하는 관계였다. 이제 인간 수명이 80세를 넘어 100세에 이르는 시대가 열렸다. 철없던 20대에 맺은 맹세를 나머지 생애 80년에 걸쳐 이행해야하는 현실과 마주쳤다. 인은주 시인은 그 기막힌 관계에의 약속이 지닌 무게를 은행 '대출'의 은유를 빌어 형상화한다.

>이십 년 된 우리는 아직도 사랑일까
>
>한밤중 돌아누운 그의 등은 말이 없다
>
>어둠은 우리 사이로 수북이 쌓여간다
>
>허락 없이 떠났던 여행에서 돌아와서
>
>이십 년 상환제로 대출을 신청했다
>
>산 만큼 더 살기로 한 무언의 약속이다
>
>나는 그를 담보로 안심을 원했으나
>
>저금리 그물망에 빚만 내고 말았다
>
>서둘러 계절은 가고 다른 계절이 왔다
>―「안심대출」 전문

결혼의 지속이 가져다주는 것은 안정일 터이고 결혼도 계약이라 담보를 필요로 한다. 관계의 단절과 새로운 형성은 엄청난 모험이며 도전이다. 생애 전체를 일순간 위기로 내몰 수도 있다. 그래서 자코메티 또한 말한 바 있다. "결혼에 들기는 너무나 쉬우며 결혼을 벗어나기는 너무 어렵다"고. 이미 형성된 계약을 연장하며 '안심대출'이란 이름의 제도에 서명을 해 두고 "저금리 그물망"이라고 시인은 이를 명명한다. 결혼이라는 이름의 안정, "저금리"임이 명백하다. 나머지 이십 년이라는 긴 시간동안 꾸준히 갚아나가야 할 '빚'을 내기로 계약하는 시적 화자의 모습을 보라. 우리 시대의 고통스럽도록 정확한 자화상, 그러나 감히 발설하기를 두려워하는 그 모습을 인은주 시인은 솔직히 그려낸다. "임금님 귀는 당나귀 귀"라고 소리치는 것이 시인의 본분이다. "벌거벗은 임금님"이라고 솔직히 말할 수 있는 어린아이의 모습이 시인의 바람직한 모습이다. 유효기간이 다한 낭만적 사랑의 진부한 노래를 멈추지 못한 채 계속하여 부르는 군중 속에서 인은주 시인은 소리치고 있다. "벌거벗은 임금님"같이 알몸으로 드러난 우리 시대의 '친밀성의 관계,' 그 실상을 그리고 있다. 사실상 현대는 그런 친밀성의 파괴가 특징인 시대이다. 「안심대출」 시편의 첫 수에 등장한 "한밤중 돌아누운 그의 등"의 이미지는 20세기 이후 문학작품에 매우 빈번히 등장하는 이미지가 되었다. 함께 있으나 단절된 관계가 "돌아누운 등"을 통해 선명하게 드러난다. 헤밍웨이의 단편, 「빗속의 고양이」에 등장하는 남편과 아내의 모습이기도 하다. 남편은 침대에 발을 올린 채 책만 읽고 있고 아내는 불가능한 것들을 꿈꾸면서 그들은 비수기의 한 호텔방에 함께 머물고 있다. 창밖에는 비가 내리고 고양이 한 마리가 비에 젖고 있다. 그 고적한 정경은 현대인의 상실과 단절을 단적으로 드러내는 장면이다. 인은주 시인의 시편은 헤밍웨이 단편의 그 그림을 한국적 현실에서 다시 형상화하고 있다. 일본 소설가 미야베 미유키 또한 장편소설, 『이유』에서 전통적인 핵가족이 해체된 이후 부유하는 개인들로 채워진 일본의 현실을 그려낸 바 있다. 19세기말 이후, 공업화 도시화하는 사회의 요구에 적절히 부응했던 것이 부모와 자녀 중심의 핵가족 제도이다. 그 가족 모델은 이제 그 수명을 다한 것이 분명하다. 곳곳에 균열이 생겨나고 있고 그래도 여전히 그 틀을 깨고 나오지 못하는 개인들에 의해 지속되고 있다. 권태를 인식하고 일탈을 꿈꾸면서도 어쩌지 못한 채 제도 속에 갇힌 개인들, 그 내면의 욕망과 현실의 대결상을 인은주 시인은 계속하여 탐색한다.

    곱창이 지글대는 송년회 막바지에
    안하던 질문들을 서로에게 던졌는데
    우리는 행복하다고
    웃으면서 답했다

    술잔을 더 채우다 비스듬히 앉았고
    어쩌다 본 남편 눈은 저 여자를 향해 있다
    곱창이 불판 위에서
    시커멓게 뒤틀렸다

> 잡으면 사라지는 연기 같은 행복을
> 곱창을 뒤집으며 속으로 뒤집었다
> 누군가 또 물었을 때
> 모른다고 말했다
>
> ―「모른다고 말했다」 전문

21세기 초고속 기차를 위해 새로 놓은 선로에 '행복'이라는 이름의 오래된 전차가 아직도 놓여있다. 욕망의 속도는 TGV와 신간선과 KTX의 속도에 닿아있고 남편과 아내라는 관계는 19세기 말의 전차 속도에 맞추어져 있다. '행복'이라는 이름의 역할극을 연출하며 관계를 지속하기를 강요받는 시대, 여성 시적 화자의 섬세한 감각의 촉수는 남편의 눈길이 향한 곳을 포착한다. "잡으면 사라지는 연기 같은 행복"은 눈물겹도록 정확한 우리 삶의 묘사이다. 유한성의 생명이기에 욕망은 풀어주어야 하고 약속으로 지속되는 질서이기에 그 한계 또한 선명한 것이다. 그 모순과 역설 속에서 고통 받으면서도 탈출구나 대안의 길이 부재함 또한 모두가 인식하고 있다. "곱창이 불판 위에서 시거멓게 뒤틀렸다"는 '송년회'와 '술자'의 이미지를 배경으로 하여 빛을 발한다. 술안주로 준비된 곱창은 송년회와 술잔이 준비한 미장센(mise-en-scène)을 완성하는 소품이다. 그러나 동시에 그것은 술안주에 투사된 시적 화자의 내적 갈등을 적절히 드러낸다. 피할 길 없어 불길에 타버릴 수밖에 없는 곱창처럼 문득 다가온 절망의 불길 앞에 온 몸의 세포가 오그라들며 타들어가는 시적화자의 모습을

겹쳐 보여준다. 첫 수의 "행복하다고 웃으면서 답했다"가 셋째 수에서 "모른다고 말했다"로 변한 것이 시적 화자의 발화의 전부이다. 그 두 마디 짧은 언술 사이에 놓인 것은 남편의 눈길뿐이다. 시간을 헤아리자면 오 분이 지나지 않을 사이에 발생한 사건일 것이다. 눈길 하나가 사건일 수 있는가? 눈길을 사건으로 받아들이는 것, 그것이야말로 여성 특유의 감수성이라 할 수 있을 것이다. 영국 작가 캐서린 맨스필드(Kathleen Mansfield)의 소설들이 그 섬세하고 미묘한 여성의 감수성을 잘 묘사해 낸 바 있다. 자신이 아닌 다른 여성을 바라보는 남편의 눈길 하나에서 이별을 결심하는 여성 주인공을 보여준다. 박애와 자비의 여성 주인공으로 하여금 그 모든 사랑의 마음과 실천을 일시에 중단하도록 만드는 것 또한 남편의 눈길 하나일 뿐이다. 무심한 눈길이란 주체의 의지와는 무관하게 나타나는 것일 터이다. 그래서 무심할 것이다. 생명체가 지닌 욕망의 구조가 새롭고 아름다운 것에 눈길 돌려지게 만든 것일 뿐이다. 시적화자 또한 그를 모르는 바 아니다. 그러나 그 눈길 하나가 "연기 같은 행복"의 존재와 부재를 결정하는 요소이다. 맨스필드를 읽은 독자라면 인은주 시인이 얼마나 날카로운 감수성의 소유자인지 바로 알 수 있을 것이다. 맨스필드의 계보를 잇는 여성적 감수성이 21세기라는 공시성을 거느리며 드러난 또 다른 시편으로 「바람의 습격」을 읽을 수 있다.

남편이 잠든 사이 카톡이 날아왔다
몰래 본 문자 속에 숨어 있는 속삭임들

그들의 언어 속에
난 제3자가 되었다

휴대폰을 깨트려도 지워지지 않는 웃음
더욱 더 선명해진 "보고 싶다 유미씨"

소외는 거머리처럼
느린 밤을 더듬는다

마지막 보루였던 우리 집이 흔들린다
집으로 오는 길은 비보호 좌회전

황사는 봄을 애태우며
쉽게 물러나지 않았다

─「바람의 습격」 전문

셰익스피어의 『오넬로(Othello)』는 그의 4대 비극 중의 하나이다. 왜 오델로가 4대 비극에 속해야 하는지를 20세 이전에 알 수 있는 독자가 있을까? 사랑을 위하여 함께 독배를 마시고 죽음을 맞는 로미오와 줄리엣의 사랑이 결코 비극이 될 수 없는 이유를 아는 독자는 또 몇이나 될까? 질투만큼 강한 인간의 파괴 욕망이 또 있을 수 있을까? 오델로의 가슴에 의심의 고통이라는 불을 지피는 것은 데스데모나(Desdemona)

의 손수건 한 장과 이아고(Iago)의 속삭임에 불과했다. 나머지는 모두 오델로의 상상 속에 있었다. 그럼에도 불구하고 오델로는 몸을 떨며 고통 받아야 했다. 21세기가 낳은 문명의 이기들은 관계를 중심으로 펼쳐지는 인생극장에 잔혹한 고문의 도구가 되어 새로이 등장한다. 곳곳에 설치된 CCTV 영상 속에 개인의 일거수일투족이 모두 포착되고 일탈의 흔적들이 컴퓨터와 통신기구의 기록 속에 고스란히 저장된다. 그 흔적들은 여과도 없이 스스로를 드러내며 현대인의 내면적 고통을 배가시킨다. 휴대전화의 '카카오톡'과 같은 사회적 연결망은 그 자체가 바로 이아고의 속삭임이 되고 데스데모나의 손수건이 되었다. 감출 수 있는 여지가 거의 남아 있지 않은 날 것 그대로의 욕망을 고스란히 드러내는 잔혹한 증거품이다. 욕망은 생명력의 원천이며 창조력의 매개이기도 하다. 동시에 그 욕망은 어마어마한 파괴력을 지닌 것이기도 하다. 억압할 수도 없고 해방시킬 수도 없고 갈등과 분열 속에서 초월과 승화를 꿈꿀 수밖에 없는 것일까? 예술가는 계속하여 질문하고 모색해왔다. 인간의 욕망 그 자체를 탐색하기도 하고 욕망으로 몸부림치는 인간에 대한 긍휼을 보여주기도 했다. 창조자는 스스로 욕망이라는 문제의 본질을 알고 있을까? 스스로도 풀지 못할 문제들 속에 인간을 창조하여 던져준 까닭은 도대체 무엇일까? 시인이 고통스럽고 버거운 짐을 걸머진 것은 바로 그 점, 창조주의 의도조차 알 길이 없다는 데에 있을 것이다. 기원도 알 길이 없고 지향점은 더욱 아득한 삶, 그 자체의 본질을 규명해 내어야 한다는 데에 있을 것이다. 욕망이 초래한 삶의 위태로움을 인은주 시인은 '비보호 좌회전'이라고 이른다. '바람의 습격' 앞에서 급히 삶의 방향을 틀고 있다. 어디로 가게 될지 알지 못한 채…

인은주 시인이 다루는 욕망의 갈래는 여럿이다. 어찌할 수 없는 시적 화자 내부의 욕망의 소용돌이를 추적한 시편들을 보자.

> 너에게 너무 쉽게 웃음을 또 흘렸다
>
> 아이의 울음처럼 애견의 재롱처럼
>
> 내 안의 어떤 여자가 허락 없이 나왔다
>
>
> 존재의 가벼움은 불가피한 태도일까
>
> 노견老犬처럼 비루해져 꼬리를 잘랐지만
>
> 내 안의 다른 여자는 한둘이 아니었다
> ―「미안한 연애」전문

우리의 삶에서 통제 가능한 영역은 얼마나 될까? 생명의 보존을 향한 욕망은 타자를 향한 사랑의 욕망으로 이어진다. 인간됨을 구성하는 다양한 층위에 주목하면서 최근의 철학자들은 데카르트적 인간 이해를 비판해왔다. "나는 사고한다. 고로 존재한다"는 그의 정언에 맞서 인간은 이성을 중심으로 설명할 수 있는 존재가 아니라고 주장한다. 들뢰즈와 가타리는 늑대의 무리나 고구마 구근처럼 서로 엉기고 뭉쳐 다니는 군집성으로 인간과 사회를 이해하고자 했다. 인은주 시인은 "내 안의 다른 여자"라는 이름으로 이성의 통제 범위 밖에 존재하는 또 다른 자아를 발견해낸다. 그 이해 불가능한 내적 존재가 하나 둘이 아니라 여럿이라고 고백한다. 시적 화자의 웃음은 "모른다고 말했다"에 등장하는 '눈길'만큼 사소한 것이고 그처럼 의도나 의지와는 무관한 욕망의 발현체일 것이다. 생명체가 자신의 생명의 유지에 필요한 관심과 활력을 위해 욕망을 추동시킬 때 터져 나오는 것일 터이다. 「모른다고 말했다」에서 타자를 향한 '눈길'이 시적 화자를 일순 긴장시키고 행복한 소시민의 역할극을 중단하게 만드는 일대 사건이 되는 것처럼 위 시편의 '웃음' 또한 시적 화자의 타자를 흔들어 댈만한 사건이 될지 모른다. 시인은 그래서 통제 밖의 그 웃음을 '미안한 연애'라고 이름 지었다.

  통제 불가능한 생명의 욕망을 그린 또 다른 시편을 보자. 「바람의 습격」에 등장한 습격의 은유는 「찔레꽃」에서 가시의 은유로 되살아난다. 그리하여 시적화자로 하여금 "확 찔렸다"고 고백하게 한다.

    행여나 업어줄까

    내리막에 늦춘 걸음

저만치 뒷모습이

수풀 속에 사라졌다

실개울

건너는 순간

확 찔렸다

너에게
　　　　　　　　　　　　　　—「찔레꽃」 전문

　이 시편에서 시적 화자로 하여금 "확 찔렸다"고 고백하게 만드는 사건의 실체는 모호하다. 사라진 뒷모습의 주체를 알 길이 없기 때문이다. 기대가 있었다면 실망의 습격을 받았을 것이고 막연한 설렘의 대상이 "수풀 속에 사라졌던" 것이라면 그 상실과 그리움의 지각이 "확 찔렸다"는 발화를 가능하게 했을 것이다. 시인은 타자가 주체의 내면세계에 예고 없이 틈입하는 그 사건 자체를 노래한다. 찔레꽃 가시에 찔려 피 흘리듯 단순히 반복되던 일상을 습격한 한 사건에 대한 기억을 쓴다. 찔레꽃 가시가 표상하는 강렬한 사건, 그리고 그 기억! 그 따끔한 아픔이 삶을 비로소 삶이게끔 만든다. 살아있음의 생생한 느낌을 매개하는 것이 찔레꽃일진대 어쩌면 이 시편은 찔레꽃에 "확 찔렸다"고 고백하고 싶은, 일어나지 않은 사건에 대한 시인의 욕망을 그린 것인지도 모르겠다. 진부한 일상의 현실에서 벗어나 "확" 찔리기를 갈망하는 것일 수도 있겠다. 「늦은 밤」은 욕망의 잔해만 남은 듯 한 일상에 대한 비판과 풍자의 시편으로 읽힌다.

> 자정도 훌쩍 넘겨 비틀비틀 들어와선
> 조각내기 싫은 잠을 이어가는 귓전에다
>
> 이쁜아
> 날 버리지 마
> 당신 없인
> 못 산다
>
> 술주정 조금 빌려 사랑가를 토해낸다
> 주무서 걱정 말고 나이가 오십인데
>
> 참말로
> 갈 데도 없는
> 너무 늦은
> 밤이다
>
> 　　　　　　　　　　　　－「늦은 밤」 전문

 "당신 없인 못 산다"와 "날 버리지 마"는 너무나 친숙한 표현이다. 진부하고 통속적인 유행가 가사처럼 들린다. "주무서 걱정 말고 나이가 오십인데"는 너무나 사실적이고 직설적

이어서 오히려 시적이다. 혹은 그 정반대일 수도 있겠다. 혹자는 일상이 너무나 진부하고 권태로워 짐짓 멋을 부리듯 "당신 없인 못 산다" "날 버리지 마"하고 낭만성을 모방해볼지도 모르겠다. 그럴 때 우리는 "풍風"이라는 접미사를 붙여 그 정감을 명명한다. "낭만풍" 발화라고 그 상투적 고백을 명명해보자. 그에 맞서는 "주무서 걱정 말고 나이가 오십인데"는 오히려 "현실풍" 대답이 된다. 그리하여 내밀하게는 현실을 받아들이고 싶지 않은 시적 화자의 욕망의 발화로 변한다. 누가 낭만적 사랑을 갈망하고 누가 그 사랑에 냉소를 보내는지 엎치락 뒷치락 해석이 뒤섞이는 공간이 펼쳐진다. 그리고 판관의 판결 같은 서늘한 결론이 종장으로 들어선다. "참말로 갈 데도 없는 너무 늦은 밤이다." 첫 수 초장의 "자정도 훌쩍 넘겨"외 절묘한 조화를 이루며 "갈 데도 없는 너무 늦은 밤"의 의미가 부각된다. 하루의 시간대에서 자정이 넘었으니 갈 데가 없다는 것이 그 표층적 해석이다. 그 이면에 "나이가 오십인데"에서 기원한 인생의 시간대가 자리 잡고 있다. "당신 없인 못 산다"거니 "날 버리지 마"라는 언사가 매우 부적절하고 그래서 기묘하게 서글퍼져 버린 나이대가 바로 50대가 아닐까. 시편의 결말, "너무 늦은 밤이다"가 다중적 의미를 보여주고 복합적인 느낌의 울림을 가져다주는 것은 그런 까닭에서이다. 일상어로 씌어진, 50대 어느 평범한 소시민의 삶의 한 장면이 우련 서글프다. 영롱한 시적 언어로는, 혹은 아름답고 낭랑한 울림의 음가로는 도저히 표현할 수 없는 중년의 삶, 그 미묘한 달빛의 색깔을 포착해낸 시인의 감각이 예사롭지 않다. 벽에 비친 달빛을 기록하고자 담벼락에 숯으로 테두리를 그리고 칠을 해보라. 뒷날 아침 달빛 거두어지고 난 다음에 보면 무미건조한 자국만 남는 것을 볼 것이다. 불야성의 라스베가스, 그 밤의 축제 뒤에 오는 다음날 아침을 보듯 서글퍼 질 것이다. 인은주 시인이 포착한 인생 50대, 그 달빛의 색감이 은은해서 서글프다.

III. 슬픈 순환: 개와 고양이와 고아와 11월의 나무

인은주 시인의 날카로운 감수성은 개인의 내적 욕망이나 개인과 개인이 마주쳐서 맺는 배타적 관계에만 닿아있는 것이 아니다. 이 세상에 존재하는 모든 생명 가진 것들에 대한 깊은 애정을 보여주는 시편들 또한 무수히 찾아볼 수 있다. 아울러 시인은 그러한 주변적 존재들에게 보살핌의 공간을 제공하지 못하는 사회를 비판적으로 바라보기도 한다. 세월호 침몰 사건이 한국 사회에서 하나의 정치 프로파간다로 변질되어 가는 현실을 비판한 시편 「침몰」을 보자.

갑오년 봄꽃들은 미친 듯이 피고 졌다
세월호가 가라앉자 나라도 뒤집혔다

슬픔은 계산대 위에
생선처럼 보도됐다

우는 자와 울지 않는 자 우는 척하는 자까지

그 자리에 멈추었다 침몰을 확인하며

갈 곳을 잃어 버렸다
오랫동안 우리는

한 술 미음조차 목이 메는 부모 앞에
삿대질과 치킨 폭식 광란의 광화문 앞

이해는 조작되었다
저들의 이해 속에

─「침몰」 전문

  이 시편에서 대조를 이루고 있는 것들은 두 축을 중심으로 배열되어 있다. 세월호 사건이 지니는 진정한 의미와 합당한 애도의 형식이 한 축을 이루고 그 사건이 변질되어 축제가 되고 정치 선전물이 되어 버린 타락의 장면이 다른 한 축을 이룬다. 둘 사이의 대조를 보여주기 위해 시인이 선택한 어휘들에 주목할 필요가 있다. 마지막의 "이해는 조작되었다 저들의 이해 속에"에 등장하는 두 가지 서로 다른 양태의 이해가 그 중심에 놓인다. 시인은 진정한 이해와 애도를 추구하면서 거짓된 이해의 겉모양을 비판하고 있다. "세월호가 가라앉자 나라도 뒤집혔다" 구절도 유심히 살펴볼만한 구절이다. "가라앉"은 것과 "뒤집"힌 것의 대비가 선명하다. 그 대비의 연장선상에 "미음에도 목이 메는" 희생자 부모의 모습과 애도를 핑계 삼아 "치킨 폭식"을 하며 광화문을 메운 무리를 배치

한다. 애도의 이름으로 행해지는 광란의 축제 앞에서 진정한 애도가 사라지고 있음을 시인은 고발하고 있는 것이다. 세월호가 군중의 집단 기억 속에서 더욱 침몰하고 있는 것은 아닌지 생각하게 만든다. 세월호의 침몰과 그 뒤를 잇는 적합한 기억의 침몰을 묘사함으로써 시인은 가장 강렬한 애도의 모습을 보여준다.

시인의 애도의 대상이 되는 것들은 세월호의 희생자들만이 아니다. 세상의 가장자리로 몰려나간 모든 가련한 존재들과 그들의 삶에 측은한 눈길을 보내며 인은주 시인은 그들을 위한 언어의 꽃다발을 만들어 헌화하고 있다. 서정 시인이라면 안개꽃이나 백합의 순수를 찬양하고 싶을 것이다. 갈기 휘날리며 광야를 달리는 종마의 이미지를 빌어 자유를 노래하고 싶을 것이다. 해질녘 "누렁 황소가 해설피 게으른 울음 우는" 전원 풍경을 수채화처럼 그리고 싶을 것이다. 지용이 그러했듯 대상과 주체 사이, 어느 정도 거리를 유지하면서 유유히 대상의 속성을 묘사하거나 그 대상을 기특히 여기며 찬가를 불러주고 싶을 것이다. 그럴 때 시인은 잠시나마 우리 모두가 속한 비루한 현실에서 잠시 벗어나 초월적이거나 숭고한 존재와 자신을 일치시키는 우쭐한 마음을 즐길 수 있을 것이다. 우리가 시인이고자 할 때, 쓸모없는 무언가를 손으로 만들어 내고자 할 때 모두 숙연해지고 짐짓 숭고해지기까지 하는 자세를 보이는 것은 그런 까닭에서일 것이다. 잠시라도 현실을 초월하는 느낌조차 갖지 못한다면 창작이라는 이토록 비현실적인 것을 누가 감당해낼 수 있을까?

그러나 그 모든 시도에도 불구하고 우리의 삶은 참으로 보잘 것 없다. 저녁 산책길에 만난 개들이나 주인에게서 버려진 고양이와 별로 다를 것이 없다. '지금 여기'의 현실도 그러하고 전망도 그러하다. 스스로를 주인에게 끌려 산책을 나선 저녁녘의 개나 버려진 고양이와 동일시해볼 수 있는 시인이라면 우리는 그를 진정한 낭만주의자라고 칭송해도 좋을 것이다. 자신이 속한 서글픈 현실을 과장도 없이 열등감도 없이 당당히 그려낼 수 있는 시인! 그는 문학을 초월과 숭고의 제스처로 이해하거나 혹은 무엇인가의 도구로 여기는 시인이 아니라 문학의 힘을 믿고 그것을 내면의 권력으로 체화한 자이리라. 진실로 그러하리라. 「저녁에 만난 개들」을 보자.

> 내 손으로 돈을 번지 십 년도 더 넘었다
> 보호를 받는 동안 목소리는 작아져
> 모처럼 화를 냈는데 먹히지도 않았다
> 많은 사람들이 개와 걷는 산책길
> 일 미터의 자유만 허락된 개들이
> 꼬리를 흔들어대며 빠르게 쫓아갔다
> 의존에 대하여 개나 나나 동급인 듯
> 멀쩡한 동상을 향해 짖다 가는 개처럼
> 멀리도 가지 못한 채 다시 집을 향했다
> ―「저녁에 만난 개들」 전문

앞서가는 주인이 거머쥔 줄과 개의 목 사이에 놓인 거리, 그 길이는 또한 초월적인 존재로서의 창조주와 유한한 생명체인 인간 사이의 거리에 해당하는 것일 수도 있다. 인간의 팔십 생애가 '일 미터' 개 줄에 비견될지도 모를 일이다. "일 미터의 자유만 허락된 개들"과 "멀쩡한 동상을 향해 짖다 가는 개"구절이 이리도 절절하게 읽히는 것은 바로 그런 까닭에서일 터이다. 너무나도 사실적이어서 인정하고 싶지 않고 오히려 외면하고 싶은 현실을 시인은 그리고 있다. "멀쩡한 동상을 향해 짖다 가는 개"와 "멀리도 가지 못한 채 다시 집을 향"하는 시적화자의 대비는 가슴 아프도록 사실적이다. 저항과 일탈을 꿈꾸지만 결국은 자신이 속한 곳으로 돌아올 수밖에 없는 것이 우리들의 현실이다. 그 현실 앞에서 무력한 한 개인의 모습이 '저녁에 만난 개들'과 어울려 선명하게 부각된다. 아침 산책길의 개들이어서는 안 된다. 밝은 하루가 열려 있는 시간대라면 느끼기 어려운 현실의 구속을 드러내고 체념의 정을 표현하려면 "저녁에 만난 개들"을 그려내어야만 한다. 저녁은 모두가 집으로 돌아갈 수밖에 없는 시간이므로 무력감을 강조하기에 적절한 시간대가 아닌가. 저녁의 개들이 환기시키는 무력감은 전에 살던 곳을 찾아와 어슬렁거리는 버려진 고양이의 모습에서도 고스란히 드러난다.「고양이의 마실」을 보자.

감나무 그늘 좋은 그 집으로 이사 간 날

홀연히 나타난 담장 위의 흰 고양이

새 주인 못마땅한 듯 지켜보다 가버린다

양로원 간 노부부 그리워 오는 걸까

며칠 후 또 나타나 머물기를 한참씩

때 놓친 나팔꽃들도 담장을 넘어 온다

이웃동네 맡겨진 후 옛집에 찾아오는

다 늙어 구부정한 고양이의 발끝에

오후의 느린 햇살이 기다랗게 달려있다
　　　　　　　　　　　－「고양이의 마실」전문

"다 늙어 구부정한"것이 단지 고양이 뿐일까? 이 시편을 채우고 있는 이미지들은 자신에게 남겨진 시간을 끌고 죽음을 향해 디가가고 있는 모든 생명체들의 안쓰러운 모습이다. 먼저 양로원 간 노부부가 그러하고 "때 놓친 나팔꽃"이 그러하다. 마침내는 "오후의 느린 햇살"조차 "고양이의 발끝에" "기다랗게 달려있는" 것으로 그려진다. 오래되어 정든 옛집을 다시 찾는 고양이의 마실은 적멸을 향해갈수록 태어나 자란 곳이 더욱 간절히 그리워지는 우리 인간 삶의 비유이기도 하다. 옛집을 찾아오는 버려진 고양이의 사연은「도둑고양이」에서도 다시 읽을 수 있다.「도둑고양이」또한 보호받지 못하는 위태로운 생명을 향한 시인의 애틋한 마음을 보여주는 시편이다.

> 모두 다 퇴근한 공구상가 창고에
> 근처 고양이가 새끼를 낳았다
> 갓난애 울음 같은 게 멈춘 다음 날이었다
>
> 들락대는 밤마다 경보음은 울려대고
> 눈 색깔을 바꾼 어미는 노려보곤 하였는데
> 살림이 커가는 만큼 냄새도 자라났다
>
> 경비는 주인에게 독살을 부추겼다
> 쥐약 사러 보낸 저녁 어미가 없는 틈에
> 귀 쫑긋 세운 새끼가 철없이 막 나왔다
>
> 세상을 처음 본 듯 까만 눈이었다
> 불 켜진 창고 안을 제 집처럼 뛰놀다
> 어둠이 내린 거리로 멀리멀리 쫓겨났다
>
> ―「도둑고양이」 전문

"눈 색깔을 바꾼 어미"가 "노려보며" 지켜주는 창고 안은 새끼 고양이에게는 낙원이었을 것이다. "세상을 처음 본 듯 까만 눈"을 한 어린 생명체는 세상의 풍파에 아직 시달려본 적 없는 순결한 존재이다. 아직 세상의 횡포와 위협을 경험하지 않았고 그만큼 무지하기에 순결한 것이다. 어미의 죽음이 예고되어 있는 시간, 호기심에 가득 찬 눈으로 "귀 쫑긋 세운"

채 겁 없이 세상으로 나온다. 에덴동산에서 쫓겨나는 인류의 조상처럼 "어둠이 내린 거리로 멀리멀리 쫓겨나"는 고양이의 모습은 우리 삶의 무게를 고스란히 느끼게 한다. 「천지서커스」에 드러난 부모 없는 고아들의 삶 또한 도둑고양이 새끼처럼 혼자 헤쳐가야 하는 막막한 삶이다. 그래서 「천지서커스」는 「도둑고양이」와 나란히 읽어야 할 시편이라 할 수 있다.

> 부모 없는 세상은 맨발의 외줄타기
> 태어나 걷자마자 주어진 길이었다
> 아슬한 낭떠러지 끝 천 번 만 번 오른다
>
> 식초물 들이켜 마디마디 녹여서
> 뱀처럼 문어처럼 익기 넘고 저기 붙어
> 그토록 재주넘으며 이어가는 생의 곡예
>
> 허공에 몸을 기대 돌고 도는 공중살이
> 빅수간캐 밤으며 온몸을 불사르듯
> 허기진 불나방처럼 품을 찾아 나른다
>   ─「천지서커스」전문

서커스 단원들의 위태로운 삶을 가장 집약적으로 보여주는 구절은 "맨발의 외줄타기"와 "아슬한 낭떠러지"이다. 더러는 뱀처럼 몸을 늘이고 또 문어처럼 흐느적 흐느적 어딘가에 달라붙고 마침내 "허기진 불나방"처럼 "온 몸을 불사르듯"해

야 하는 것이 서커스 단원들의 삶이다. 그들이 가진 것이라곤 오로지 몸뚱이뿐이기에 그 몸을 무한히 변신시킴으로써 그들의 삶은 이어지는 것이다. 발붙일 곳 없는 그들의 삶은 "공중살이"라는 말로 요약된다. 부모도 없고 고향도 없고 발붙일 땅도 없이 부유하는 존재가 서커스 단원들이다. 그 삶 또한 어둠 속에 내몰린 도둑고양이의 삶만큼 불안하고 위태롭다.

  인은주 시인의 눈길이 닿은 그 모든 여리고 불우한 존재들의 삶은 가장 고달프고 외로운 것들이다. 그러나 다시 자코메티의 말을 상기하자면 "죽음 앞에서는 우리는 모두 실패자이다." 더 고달팠던 삶도 더 서러웠던 삶도 모두 죽음 앞에서는 평등할 수밖에 없다. 그렇다면 유한자들의 삶이란 어쩌면 균질적이다. 우리가 나무라면 우리는 모두 결국에는 잎을 떨구고 겨울나무가 되어갈 뿐인 것이다. 찬란했던 기억을 간직한 채 겨울비가 재촉하는 마지막 계절을 기다리고 서있는 나무들을 그린 시편이 「11월」이다.

  나무와 나무 사이
  말들이 사라졌다
  꽃에 대해 잎에 대해
  기억만 있을 뿐
  어제의 우울한 끝이
  겨울비를 몰고 왔다

투명한 얼굴이
얼굴을 바라보며
같아서 경악하고
비슷해서 안도했다
바람을 그리워하는
나무는 나무였다

―「11월」 전문.

우리에게 주어진 삶은 그러한 것이다. 봄, 그 생성의 신록과 여름철의 열정의 녹음이 지나간다. 그리고 가을, 문득 새로운 환생이 가능할 것처럼 불타는 단풍의 시간이 온다. 그 가을을 보낸 뒤에는 마침내 무수한 추억만 안고 선 초겨울의 나무들이 된다. 잎도 꽃도 다 떨어버린 채 나목이 되어가는 서로 서로를 바라보는 것은 이제 우리에게 너무나 친숙한 풍경이다. "같아서 경악하고 비슷해서 안도했다"는 시인의 지적이 날카롭다. 거울을 바라보고 선 듯 곁에 있는 사람에게서 자신의 얼굴을 발견할 때 우리는 가끔 안도하고 자주 경악할 것이다.

인은주 시인의 시어들은 현실의 삶에서 건져 올린 날것의 냄새들을 고스란히 지니고 있다. 여과와 승화의 장치들을 거치면서 걸러지고 증류된 것이라기보다는 일상의 언어가 그대로 등장한다. 그래서 낯설고 새롭다. 그 일상어의 생경함이 강렬한 생명력의 매개체가 되어 역동적인 시편들을 빚어낸다. 시인은 대담하게 "심장으로 주세요"라고 외치기도 한다. 분리되고 단절된 현대인의 삶에 대한 저항의 선언이다. "모른다고 말했다"고 거칠게 내뱉는다. 여리고 섬세한 마음의 물결과 삶의 미묘한 파동들을 그 무뚝뚝한 한마디가 웅변적으로 표출한다. 믿기지 않는 역설이다. 함께 잃어가고 사위어가는 우리 존재의 연약함, 그 죽음 앞의 평등과 동질성을 두고 "같아서 경악하고 비슷해서 안도했다"고 예리하게 짚어낸다. 저물녘의 개들과 늙은 고양이와 새끼 도둑고양이와 곡마단의 고아들과 그리고 먼 타국에서 남의 손에 죽어가는 창녀들과 고향집을 그리는 이주민 노동자들과… 시인의 시편들에 차곡 차곡 들어가 박힌 온갖 작고 힘없는 존재들의 설운 사연을 따라가노라면 우리는 오히려 문득 다시 살아가자고 결심하게 된다. 살아가는 것이 버겁다면 걸어가야겠다고 생각하게 된다. 자코메티 또한 그렇게 말했다. "어디로 가야 하는지 그리고 그 끝이 어딘지 알 수는 없지만, 그러나 나는 걷는다."

열린시학 정형시집 144

미안한 연애

초판 1쇄 인쇄일 · 2018년 06월 07일
초판 1쇄 발행일 · 2018년 06월 18일

지은이 | 인은주
펴낸이 | 노정자
펴낸곳 | 도서출판 고요아침
편   집 | 김남규

출판 등록 2002년 8월 1일 제 1-3094호
03678 서울시 서대문구 증가로 29길 12-27 102호
전화 | 302-3194~5
팩스 | 302-3198
E-mail | goyoachim@hanmail.net
홈페이지 | www.goyoachim.net

ISBN 979-11-88897-43-8(04810)
ISBN 978-89-6039-728-6(세트)

*책 가격은 뒤표지에 표시되어 있습니다.
*지은이와 협의에 의해 인지는 생략합니다.
*잘못된 책은 교환해 드립니다.

* 이 시집은 오늘의시조시인회의 첫 시조집 발간비 지원을 받았습니다.

ⓒ 인은주, 2018